AF370900

DISCOURS

DE

M. LE GÉNÉRAL DE LA MORICIÈRE

DÉPUTÉ DE LA SARTHE,

sur l'Algérie

DANS LA DISCUSSION DU PROJET DE LOI
RELATIF AUX CRÉDITS EXTRAORDINAIRES POUR L'ALGÉRIE.

Séance du 9 juin 1847.

PARIS

IMPRIMERIE PANCKOUCKE,
RUE DES POITEVINS, 6
1847

DISCOURS

DE

M. LE GÉNÉRAL DE LA MORICIÈRE

DÉPUTÉ DE LA SARTHE,

DANS LA DISCUSSION DU PROJET DE LOI
RELATIF AUX CRÉDITS EXTRAORDINAIRES POUR L'ALGÉRIE.

Séance du 9 juin 1847.

MESSIEURS,

Bien que les deux discours que vous avez entendus hier, et qui ont été prononcés par l'honorable M. de Tracy et par l'honorable M. Desjobert, ne représentent pas l'opinion de la majorité de cette assemblée : néanmoins, comme ils renferment plusieurs arguments qui, selon moi, n'ont pas été réfutés, et qui pourraient faire quelque impression dans cette enceinte, et surtout au dehors, je crois qu'il est nécessaire d'y répondre. (Marques d'attention.)

L'honorable M. de Tracy a dit : « L'Algérie est pour vous un immense embarras, elle pourra vous en amener de plus grands encore à l'avenir. Vous êtes vainqueurs des Arabes, l'honneur militaire est sauf ; profitons du moment pour évacuer......

M. DE TRACY. Non ! je n'ai pas dit cela.

M. DE LA MORICIÈRE. « Pour restreindre notre occupation à la côte ; » je me trompe ; c'est là ce que je voulais dire.

L'Afrique est un des plus grands intérêts du pays, et c'est le plus grand intérêt peut-être que la France ait aujourd'hui à l'extérieur. Pour la France comme pour tous les peuplss, les grands intérêts sont souvent les grands embarras. C'est notre plus grande affaire aujourd'hui à l'extérieur, c'est donc celle qui peut nous amener les plus grands embarras ; cela est dans la nature des choses. Les nations qui ont fait de grandes entreprises de colonisation ou autres n'ont-elles pas trouvé dans ces entreprises elles-mêmes de grands embarras? n'ont-elles pas fait de grands sacrifices pour les accomplir? n'ont-elles pas fait de grands efforts et des dépenses énormes pour les mener à bien? Les ont-elles abandonnées? Non, sans doute. Un peuple qui déserterait ses intérêts à l'extérieur parce qu'ils peuvent lui causer des embarras, ce peuple donnerait sa démission, ce peuple renoncerait à la position qu'il occupe dans le monde; et c'est un conseil que je ne donnerai jamais à mon pays. (Vive approbation.)

L'honorable M. de Tracy vous a dit : L'Afrique ne pourrait cesser d'être un embarras pour vous que dans le cas où vous pourriez la coloniser; or, M. Desjobert a démontré que la colonisation était impossible ; donc l'Afrique, qui est un embarras aujourd'hui, sera toujours un embarras pour nous.

L'argumentation de M. Desjobert repose sur deux points. Le premier est celui-ci : on ne peut pas coloniser l'Afrique parce que l'Européen ne s'y acclimate pas. Mais comme il n'était pas très-sûr de la vérité de ses conclusions, il a cru devoir faire ce second argument : c'est qn'on ne pourrait coloniser sans exterminer les Arabes, et comme l'extermination répugne à tout le monde, et de plus, qu'elle est impossible, la conséquence est que vous ne pouvez coloniser.

Dans l'argumentation de M. Desjobert, il y a deux points relativement à l'acclimatement. Le premier consiste dans de simples assertions; or, comme une assertion peut-être détruite par une assertion contraire, comme il y a des gens qui ont passé autant de temps en Afrique que les personnes dont M. Desjobert cite l'autorité et qui ont une opinion tout opposée, je m'abstiendrai de discuter ces assertions.

Mais il a produit des chiffres, et ces chiffres, je tiens beaucoup à les rétablir, parce qu'ils pourraient sans cela induire la chambre à penser précisément le contraire de ce qui est.

M. Desjobert prend la moyenne de la mortalité en Afrique et vous dit : Il y a tant d'hommes en Afrique; il en meurt tant, et il trouve que les décès surpassent les naissances, il fait le calcul en bloc. Or, tout le monde sait que la même chose se passe dans nos régiments en France. Quand on prend un régiment dans le nord de la France, et qu'on l'envoie dans le midi, il est soumis à une mortalité très-considérable. Personne ne nie que si l'on prenait une population européenne et qu'on la tranportât en Afrique, il n'y eût une mortalité considérable, surtout si l'on faisait ces mouvements dans la saison des chaleurs. Ce n'est donc pas sur la totalité de la population qu'il faudrait calculer, mais sur les personnes qui sont depuis quatre ou cinq ans en Afrique. Et, s'il était vrai qu'on ne s'acclimatât pas en Afrique, en faisant le calcul sur ces personnes, la martalité serait bien plus grande. Or, les résultats que donnent les travaux dont a parlé M. Desjobert, sont précisément contraires. L'administration de la guerre n'a pas fait, et n'eût pas pu faire ces calculs. Mais il existe des lieux en Afrique où la population n'augmente presque pas, par exemple Bone, qui a 7 ou 8,000 habitants ; ses fortifications ne permettent pas à la ville de se développer davantage. C'était un des points les plus malsains de l'Algérie ; le Gouvernement y a fait faire des desséchements. Aujourd'hui, la population de la ville de Bone varie très-peu. On en a fait le calcul, et les résultats de l'année 1846 et du premier trimestre 1847, prouvent que le chiffre des naissances surpasse constamment celui des décès. (Sensation.)

Je dis que dans un pays où la population n'augmente pas par l'émigration, lorsqu'elle est depuis plusieurs années sur les lieux mêmes, si le nombre des naissances dépasse celui des décès , je dis qu'il y a eu acclimatement et que l'argumentation de M. Desjobert est complétement erronée.

Je pourrais citer aussi Mostaganem. Enfin, dans les deux derniers trimestres de 1846, l'émigration a été moins considérable qu'à l'ordinaire, et il y a moins de gens en Afrique qui n'y aient pas passé au moins un an.

D'après un numéro du *Moniteur algérien*, du 25 mai, vous avez, pour le premier trimestre de 1847, un total de naissances pour toute l'Algérie : il y en a eu 794, et il y a eu 649 décès.

Ainsi, par ce seul fait que l'émigration a diminué, son rapport avec la totalité de la population est moindre ; par ce seul fait, voilà déjà que les naissances dépassent les décès. Or une population dont les naissances augmentent et dont les décès diminuent s'acclimate évidemment. (C'est juste !)

La seconde objection de M. Desjobert, c'est que vous ne pourrez pas coloniser sans exterminer. Il n'a pas tout à fait dit que nous demandions l'extermination, mais il a dit : Vous demandez le refoulement, et le refoulement mènera à l'extermination ! (Mouvement.)

Ce que nous demandons, ce que j'ai proposé, et ce que d'autres personnes proposent, ce n'est pas le refoulement, mais, je veux le dire à l'instant même, c'est le cantonnement.

Nous avons été obligés de prendre des exemples de cantonnement ; quand on commence à cantonner une tribu pour mettre dans une portion de son territoire la population arabe, et dans une autre portion la population européenne, comme l'a très-bien expliqué hier l'honorable M. Ferdinand Barrot, il est évident qu'on commence par refouler ; il y a similitude entre le refoulement et le cantonnement quant à la première opération. Mais ce en quoi le cantonnement que nous pratiquons diffère du refoulement, c'est que, après avoir pris à la tribu une partie de son territoire, et l'avoir établie sur l'autre, nous l'y laissons ; puis nous ferons la même chose pour la tribu suivante, ainsi de suite ; il n'y a donc pas de refoulement.

Du reste, j'expliquerai plus tard comment j'entends que l'opération peut se faire ; je veux seulement ne pas laisser subsister d'ambiguïté, et je dis que nous ne demandons pas le refoulement ; par conséquent, nous ne demandons pas l'extermination. (Marques d'adhésion.)

Messieurs, qu'est-ce qu'il y a donc au fond de la pensée de MM. Desjobert et de Tracy ?

Il y a ceci : c'est que l'Afrique ne saurait être pour la France une cause de grandeur et de puissance que lorsque l'affaire d'Afrique, comme on l'appelle, sera une bonne affaire financière.

L'Afrique ne sera une bonne affaire pour le pays que lorsqu'elle cessera de grever son budget. Voilà le fond de l'argumentation.

Plaçons-nous donc au point de vue de l'économie politique pure, et examinons ce qu'est l'affaire d'Afrique financièrement.

Cependant, avant d'aller plus loin, je ferai remarquer à la chambre qu'il y a dans l'occupation de l'Algérie autre chose que la question de finances que je vais traiter; il y a là la question de débouchés. Or, au point de vue de l'économie politique pure, les débouchés sont quelque chose : dans le temps qui court, on fait la guerre, on dépense de l'argent et même des hommes pour conserver ou pour conquérir des débouchés. Or, dans la situation de la France sur le marché du monde, n'est-ce donc pas quelque chose pour elle qu'un débouché de 63 millions de produits français ? La France envoie en Afrique pour 17 millions de cotons tissés. L'honorable député de la Seine-Inférieure croit-il qu'il soit indifférent aux fabriques de Rouen de vendre 10 ou 12 millions de cotons tissés dans leurs usines ? L'honorable député de Mulhouse pense-t-il qu'il soit indifférent à ses fabricants de vendre ou de ne pas vendre pour 7 millions de coton ? Et les propriétaires de vins de Bordeaux et du Rhône, pense-t-on qu'il leur soit égal de vendre ou de ne pas vendre pour 7 ou 8 millions de vins en Algérie ? En dehors de la question de finances, il faut donc, au point de vue de la question économique, prendre en grande considération la question des débouchés. (Très-bien ! très-bien !)

Examinons donc la question d'Afrique au point de vue du trésor.

Nous allons voir ce que nous coûte l'Afrique, si les dépenses qu'elle occasionne sont de nature à diminuer, et de combien ; nous allons voir ce qu'elle nous rapporte, et si les recettes sont de nature à augmenter et à couvrir les dépenses.

Messieurs, l'honorable M. Desjobert a dit et après lui l'honorable M. de Tracy a répété que l'Afrique nous avait coûté, en 1846, 125 millions.

Je ne savais pas où l'honorable M. Desjobert avait pris ce chiffre : depuis plusieurs mois, j'ai étudié cette question, et j'avoue que les budgets sont présentés de telle sorte qu'il est difficile d'y trouver un chiffre précis ; je ne savais pas, dis-je, où l'honorable M. Desjobert avait pris ce chiffre de 125 millions ; j'ai cherché et j'ai découvert qu'il l'avait trouvé dans une brochure écrite par lui-même. (On rit.)

M. DESJOBERT. Je demande la parole !

M. LE GÉNÉRAL DE LA MORICIÈRE. Et dans laquelle il a bien mis en commençant, les chiffres des budgets ; mais dans laquelle il a ajouté 22 millions.

Je vous déclare qu'après avoir fait des recherches que je crois exactes, j'ai trouvé que l'Afrique nous avait coûté, pour 1846, 103 millions. En 1847, l'effectif étant le même, il y a à parier que la dépense variera peu, ou plutôt diminuera, car nous achetons beaucoup de produits meilleur marché sur place.

Maintenant, cette dépense de 103 millions se décompose ainsi qu'il suit : 81 millions pour solde et entretien des trou-pes et dépenses de toute nature nécessitées par l'armée ; 22 millions pour travaux de toute nature, améliorations de tou-tes espèces, solde des fonctionnaires civils, payement du gou-vernement des Arabes.

Ainsi, d'un côté l'armée, ce qui est indispensable à la do-mination ; de l'autre côté, les travaux, les améliorations, les constructions des casernes, tout ce que dépensent le génie, les ponts et chaussées, les travaux civils, etc., la solde des fonc-tionnaires civils et le gouvernement des Arabes ; le principal et les accessoires.

Ce chiffre de 81 millions n'est pas en entier afférent à la solde des troupes qui combattent. Ce qui combat dans l'ar-mée, c'est l'infanterie, l'artillerie et la cavalerie. Le génie combattrait fort bien, et il le prouve souvent ; mais il est beaucoup plus utilement occupé à bâtir les maisons, à con-struire les casernes, à élever des hôpitaux, à faire des maga-sins. Nous avons en Afrique un énorme effectif du génie qui ne combat pas.

Nous avons en Afrique autre chose : nous avons tout à trans-porter, parce que nous nous établissons ; nous avons à transpor-ter une quantité énorme de vivres et de matériaux. Ceci rend nécessaire le train des équipages. Ce qu'on appelle ainsi, ce sont les chevaux et mulets et les hommes qui sont chargés des transports de l'administration militaire et du génie souvent. Eh bien, le train des équipages n'occupe pas moins de 8,000 hommes et 10,000 chevaux ou mulets ; les troupes du génie s'élèvent au chiffre de 3,500 hommes et de 1,000 chevaux.

Ces troupes sont nécessaires, indispensables ; dans l'état ac-tuel du pays, on ne peut les retirer ; mais cependant, il arrivera un jour où, nos établissements étant terminés, nous n'aurons plus besoin de ces moyens de transport à l'intérieur ; il arrivera un jour où vous pourrez diminuer notablement la partie de l'effectif qui est chargée des constructions et du transport des matériaux et des vivres à l'intérieur, parce que vous récolterez sur place la plus grande partie de ce que vous consommerez.

Il y a plus, quand vous aurez des routes dans le pays, je ne dis pas des routes macadamisées, comme celles que vous avez en France, mais seulement des routes grossièrement faites, avec empierrement des plus mauvais endroits, et praticables pendant neuf à dix mois de l'année, il se formera des entreprises de transport comme nous en avons autour d'Alger, et le mode de transports roulants se substituera à celui des bêtes de somme : il y aura économie d'une part, et, d'un autre côté, au lieu d'avoir à payer les transports aux Arabes, vous les payerez aux colons qui auront fait les entreprises, de sorte qu'en même temps que vous aurez fait une économie considérable sur le budget, vous favoriserez la colonisation.

Je pense, d'après les calculs que j'ai faits plusieurs fois, que nous pouvons espérer, dans un avenir qu'il est impossible de fixer, une réduction sur le chiffre des troupes du génie, sur celui des transports militaires et sur le prix des transports payé aux Arabes, que nous pouvons espérer, dis-je, une réduction de 12 millions. Je ne puis pas, je le répète, fixer l'époque à laquelle on aura obtenu ce résultat ; mais je crois qu'on pourra déduire 12 millions du chiffre qu'on a dépensé en 1846. (Vive sensation.)

Maintenant, ces 12 millions retranchés de 81 millions, restent 69 millions.

Je crois que vous pourrez, en conservant toujours en Afrique l'effectif des combattants qui existe aujourd'hui, et que je crois nécessaire encore pour maintenir la domination, je crois que vous pourrez n'avoir qu'une dépense annuelle de 69 millions.

Je passe au chiffre de 22 millions qui représente ce que j'ai appelé les accessoires.

Les travaux qui y sont compris sont de deux natures :

Les uns sont relatifs à l'établissement des troupes ; quand cet établissement sera fini, vous n'aurez pas à le recommencer. Les autres sont relatifs aux grands établissements civils qu'on fait dans les villes, tels qu'hôpitaux, écoles, colléges, abattoirs, etc., etc.

Quand ces travaux seront faits, il n'y aura pas non plus à les recommencer. Il y aura donc une réduction très-notable de ce côté.

Mais, me direz-vous, au milieu d'une société qui se constitue, vous aurez toujours beaucoup de travaux à faire. C'est vrai ; mais, outre les fonds que l'Etat vote tous les ans pour les travaux civils de l'Algérie, il y a les fonds provinciaux, les fonds que j'appellerai et qui s'appellent les fonds municipaux de l'Algérie. Or, pour 1847, savez-vous de combien sont ces fonds ? Ils sont de plus de 7 millions, et, en regardant la nature des produits, on voit que cette somme augmentera notablement d'année en année. Or, avec sept millions de fonds municipaux, on peut pourvoir aux nécessités des communes qui se créent et des communes qui se créeront.

Ce qui vous restera donc un jour, lorsque notre établissement sera arrivé à ce que j'appellerai son état normal, ce sera seulement la solde de vos fonctionnaires civils, et les dépenses peu considérables du gouvernement arabe.

L'honorable rapporteur de la commission vous a montré les défauts, les vices de l'organisation civile de l'Algérie ; il vous a dit qu'il y avait un grand nombre d'employés qui produisaient très-peu et coûtaient très-cher, en un mot beaucoup de dépenses et peu d'effet.

Je partage, je l'avoue, son opinion à cet égard, et je crois, comme lui, qu'il pourrait y avoir une réduction assez notable de ce côté.

Après des calculs assez compliqués, et que je ne reproduirai pas devant la chambre, je me crois autorisé à conclure que les 22 millions pourront se réduire à 6 millions, surtout en considérant que les 7 millions de fonds municipaux augmenteront d'année en année.

Nous trouvons donc, d'une part, 69 millions, de l'autre, 6 millions ; total, 75 millions.

L'Algérie vous a coûté 103 millions l'année dernière ; vous

pouvez espérer que, dans son état normal, elle ne vous en coûtera que 75. (Mouvements divers.)

M. MANUEL. Dans vingt ans !

M. DE LAMORICIÈRE. Je vous ai dit que je ne pouvais pas préciser au juste l'époque ; mais c'est beaucoup que de pouvoir compter sur une limite.

Je vous ai dit, messieurs, ce qu'avait coûté l'Agérie ; je vous ai indiqué quelles réductions pourraient se produire successivement. Voyons maintenant ce que produit l'Algérie, et si les ressources qu'elle fournit au trésor sont de nature à augmenter.

L'Algérie, en 1847, produira de 24 à 25 millions. Prenons ce chiffre rond. Nous aurons donc, d'un côté, 103 millions de dépenses ; de l'autre, 25 millions de produits.

Vous avez donc, d'un côté, 78 à 80 millions aujourd'hui, et vous pouvez espérer qu'au bout d'un certain temps, quand même les produits n'auraient pas augmenté, vous ne dépenserez plus que 75 millions. Ainsi vous arriverez donc à n'avoir que 50 millions de dépense effective.

Messieurs, ce chiffre de 25 millions de produits, comment y arriverons-nous ? En ajoutant les impôts arabes, les impôts indirects, les produits des douanes, ceux du domaine, les contributions de toute nature établies en Algérie. Ce qui est relatif à l'impôt arabe augmentera peu ; cet impôt augmentera cependant, lorsque la valeur de l'argent se sera nivelée entre la France et l'Afrique, et que dans l'intérieur du pays les matières que vendent les Arabes seront arrivées au taux auquel nous les vendons à la côte. Mais les Arabes nous payent à peu près ce qu'ils payaient aux Turcs, ce qu'ils payaient à Abd-el-Kader, et on ne peut leur demander davantage. Si on l'essayait, je craindrais que ce qu'on obtiendrait en plus ne couvrît pas les frais de perception.

Quant au surplus des produits dont se composent les 25 millions, il provient de la population, qui s'est accolée à l'armée. Cette population est formée d'environ 100,000 citadins, pourvoyeurs de l'armée, et de 10,000 colons agricoles que nous avons en Afrique. Si nous restons dans la situation où nous sommes, comme le chiffre des pourvoyeurs de l'armée est en rapport constant avec l'effectif, il est clair que, cette population n'augmentant pas, puisque le chiffre de l'armée reste constant, vos produits n'augmenteraient pas.

Nous avons donc, d'un côté, 25 millions de produits, et, de l'autre en moyenne, 75 millions de dépense ; total, 50 millions de déboursés.

Si donc nous devions rester dans ces termes, il est évident qu'au point de vue du trésor, sans tenir compte des débouchés, l'affaire ne vaudrait rien.

Mais pourquoi suis-je d'avis que cette affaire, au lieu d'être mauvaise, est très-bonne, c'est que je crois la colonisation possible.

Maintenant, où ferons-nous cette colonisation , et quel sera son développement ?

Voilà la deuxième partie de la discussion.

Où ferons-nous la colonisation? L'honorable rapporteur de la commission vous l'a dit : Ce n'est point dans le pays habité par les Kabyles où la population, est dense sur le sol, où la terre est invariablement partagée en très-petits morceaux possédés individuellement, comme dans les parties les plus riches de la France, où le sol est planté de figuiers, d'oliviers, de mûriers, et d'autres arbres de toute espèce qui attachent l'homme à sa propriété; ce n'est point dans ce pays où toutes les terres sont mises en valeur, comme dans la plupart des parties de la France, ce n'est pas non plus dans le petit désert qui est invariablement, par la nature de son sol, livré à l'exploitation d'un peuple nomade. C'est donc, comme l'a dit l'honorable M. de Tocqueville, dans la portion du Tell occupée par les Arabes, c'est là que doit se faire la colonisation.

C'est ici que je vais serrer la question de très-près, et que je vais être obligé de mettre des chiffres dans les raisonnements, car il est temps de sortir du vague sur la possibilité ou l'impossibilité de coloniser. (Nouvelles marques d'attention.)

Je retranche donc le petit désert.

Le Tell, c'est la portion de l'Afrique où le blé pousse; je n'ai pas besoin de prouver que le blé poussera. Ici encore les assertions opposées se détruisent l'une l'autre ; car si, d'un côté, on nous dit que le blé ne pousse pas, de l'autre, on nous dit qu'il poussera tellement bien, qu'il sera à si bon marché, que les colons ne pourront pas le produire en concurrence avec les indigènes. (Rires d'adhésion.)

M. DE TRACY. Je demande la parole.

M. DE LAMORICIÈRE. Nous appelons le Tell la portion comprise entre la mer et la frontière nord du petit désert.

Le Tell a 8,800 lieues carrées de surface. Les Kabyles en occupent 2,000 environ, et les Arabes en occupent 6,800. La population totale de l'Algérie est de 2,800,000 habitants. Les Kabyles sont au nombre de 800,000 ; la population du petit désert de 7 à 800,000 : reste donc 12 à 1,300,000 pour la population Arabe du Tell. C'est une population si peu dense, et la terre est si fertile, que, sans exterminer ces peuples, nous pouvons trouver place avec eux sur ces terres qu'ils ont plutôt dévastées que fécondées. La conquête nous en donne le droit et la possibilité.

Examinons donc ces deux questions : la question de droit et la question de possibilité.

Qu'est-ce que la conquête que nous avons faite ? Vous me répondrez : c'est la soumission des tribus que nous avons obtenue. Mais qu'est-ce que la soumission des tribus, et, en définitive, qu'est-ce que c'est qu'une tribu ?

La conquête que nous avons faite n'est pas certainement une conquête comme celle des Francs dans les Gaules, comme celle des Normands en Angleterre, ainsi que l'a dit l'honorable M. de Tocqueville dans son rapport. Nous n'avons pas conquis la possession du sol ; et à mesure que les tribus se sont soumises, nous avons reconnu le droit qu'elles avaient sur leurs terres ; nous avons ainsi laissé à chaque tribu le droit qu'elle possédait le jour où nous avons renversé le gouvernement turc.

Maintenant, qu'est-ce que la tribu ?

La tribu, c'est l'unité placée dans la société arabe, comme chez nous la commune, entre l'Etat et la famille. Sous les régimes précédents, l'Etat, le gouvernement était oppresseur, sa seule fonction était de lever des impôts ; l'unité qui était placée entre la famille et l'Etat, c'est-à-dire, la tribu, devait protéger la famille contre les abus de pouvoir que l'Etat commettait souvent : la tribu devait donc être d'autant plus fortement constituée que le pouvoir était plus oppresseur. C'est aussi chez nous l'histoire des communes : partout où la féodalité était dure et puissante, elles se constituaient plus solidement pour lui résister. (Assentiment.)

Eh bien, les tribus sont les communes de cette société arabe, dont nous n'avons pas une idée bien nette, parce qu'elle est infiniment plus simple que la nôtre. Cette société arabe est comme ces animaux rudimentaires qui n'ont pas besoin de tête pour vivre, et qui sont organisés de façon qu'une partie quelconque de leur corps peut vivre, végéter et se reproduire quoique séparé du tronc. La tribu est la même à Tunis, au Maroc, en Algérie ; partout où vous trouvez la tribu arabe, elle est la même ; vous pouvez prendre une portion de tribu, ce que nous appelons les fractions de tribus, les transporter, elles vivent de la même vie que l'ensemble. (Très-bien ! très-bien !)

La tribu n'est pas seulement une subdivision territoriale : elle a un territoire défini, parfaitement défini, aussi bien défini qu'aucune de nos communes, à ne pas s'y tromper de cinquante pas ; car quand les bestiaux d'une tribu passent sur le territoire d'une autre tribu, il en résulte des querelles qui se résolvent très-souvent en coups de fusil. La tribu, dis-je, n'est pas seulement une subdivision territoriale, mais les individus d'une même tribu portent, après leur nom, le nom de la tribu ; ils s'appellent un tel, fils d'un tel, de telle tribu. Cette communauté de nom établit entre tous les individus une solidarité morale énorme, et cette solidarité morale se traduit dans une solidarité matérielle fort importante au gouvernement du pays, et que voici. Quand une tribu se soumet, que fait-elle ? Elle vient vous dire : Je cesse la guerre, je pose les armes, je cesse de résister, je me soumets à vous ; c'est-à-dire je veux vous servir, je vous payerai l'impôt que je payais au gouvernement précédent, je vous servirai comme je le servais, je fournirai à vos réquisitions, à tous vos besoins ; je labourerai les terres du gouvernement, je vous en donnerai les fruits, et puis je conserverai sur la terre que j'habitais les mêmes droits que j'avais sous vos prédécesseurs, et je répondrai solidairement de tout ce qui se passera sur mon territoire.

Faisons bien attention que c'est une société constituée solidairement, qui s'administre elle-même ; nous n'y faisons pas
la police, nous n'administrons pas la tribu ; elle fait sa police
elle-même, elle a ses gentilshommes qui sont ses gendarmes,
c'est une société parfaitement hiérarchisée, parfaitement or-
ganisée, dans laquelle nous n'intervenons pas.

Je donne ces détails que je crois très-importants... (Oui !
oui ! — Très-bien ! très bien ! — Continuez !) je crois très-
important de vous faire sentir pourquoi il ne faut pas,
dans ce que nous ferons dans le pays, désorganiser la tribu.
Désorganiser la tribu, ce serait l'inconnu, le désordre, le
bouleversement : vous pourriez fractionner la tribu ; il y a
des tendances générales pour cela, il existe des familles puis-
santes qui se disputent le pouvoir dans le sein d'une même
tribu, et dont la rivalité facilitera cette division ; vous pouvez
d'une tribu en faire deux, mais vous serez obligé de conserver l'organisation, du moins encore longtemps.

La tribu a un sol déterminé ; ses droits sont très-variés ; ils
varient d'une province à l'autre : ici la tribu n'est qu'usufruitière du sol qu'elle occupe ; c'est l'état des terres dans
une partie de la province d'Oran. Dans la province de
Constantine, la tribu paye un impôt qui est le loyer de la terre
qu'elle cultive : cela veut dire que la terre est à l'État, et que,
pour la cultiver, la tribu paye un fermage. Dans les environs
d'Alger, la situation est tantôt celle de la province d'Oran,
tantôt celle de la province de Constantine.

Enfin, il arrive fréquemment que, dans une même tribu,
vous avez simultanément les deux choses que je viens d'in-
diquer. D'autres tribus sont propriétaires incommutables, en
vertu de titres écrits et parfaitement reconnus, du sol qu'elles
possèdent. Ce sol est alors partagé en parties tout aussi bien
définies que les champs de nos communes, et, dans le cas
même où la tribu n'est qu'usufruitière de son sol, chaque famille sait parfaitement quel est le terrain auquel elle a droit
aux conditions générales auxquelles la tribu possède.

Il n'y a donc dans le Tell, dans les parties du territoire
qu'on veut coloniser, aucune incertitude sur l'état de la terre.
(Marques d'assentiment.)

Maintenant, messieurs, quand on viendra resserrer les tribus sur le sol, ce qui est possible, puisque nous avons vu que la population était à peine de 150 à 160 habitants par lieue carrée ; quand on voudra resserrer les tribus dans une portion du territoire qu'elles occupent, pour faire place à la population européenne, évidemment on devra s'y prendre dans chaque localité d'une façon particulière, suivant la densité de la population, selon les droits de la tribu sur le sol qu'elle occupe, suivant la nature de ses droits, et ainsi de suite. Il faudra que dans chaque endroit il y ait une étude détaillée faite avec soin et conduite avec adresse, qui permette de traiter avec les tribus ; car le droit de propriété de la tribu et des individus qui la composent doit être parfaitement respecté, en vertu des conditions auxquelles nous avons accepté leur soumission. (Nouvelles marques d'assentiment.)

La terre se vend peu cher dans le pays ; la terre ne manquant pas, on l'acquiert à très-bon marché. Le domaine ne possède point assez de terre pour la population européenne que nous devons établir en Afrique. Ce qui nous manque, il faut l'acquérir.

J'admets comme minimum de la population européenne à établir en Algérie les chiffres qui ont été posés hier, c'est-à-dire 500,000 habitants. Supposons que nous les placions à raison de 500 par lieue carrée ; cela fait 1,000 lieues carrées. C'est donc 1,000 lieues carrées qu'il faut prendre au territoire arabe, à l'aide d'équitables transactions. Le domaine ne possède point assez de terre pour faire des établissements aussi vastes. Cependant les propriétés du domaine faciliteront singulièrement, comme cela a déjà eu lieu, les échanges qu'on devra faire entre le domaine et les Arabes pour établir les colons dans les lieux où il est convenable qu'on les établisse.

Mais, me demandera-t-on, que deviendront les Arabes lorsque vous les aurez resserrés sur leur territoire ?

Mon Dieu, les Arabes deviendront ce que sont aujourd'hui les Kabyles, et ce que nous voyons les Arabes eux-mêmes dans plusieurs tribus où, par suite de circonstances particulières, la tranquillité du pays s'est maintenue depuis longtemps, et où ils ont pu se livrer aux mêmes travaux que les Kabyles ; ils bâtiront des maisons comme font les Kabyles ; ils planteront des arbres, et ils s'installeront sur la terre comme

ils y étaient autrefois ; comme nous l'apprennent d'abord les
traditions du pays, et en second lieu les ruines qui cou-
vrent le sol dans un très-grand nombre d'endroits ; car
dans ce pays qu'on vous présente comme si peu fertile, nous
voyons des ruines qui nous prouvent qu'il n'y a pas très-
longtemps, sous les princes arabes, et sous la domination tur-
que, il était habité par une population sédentaire, attachée au
sol, ayant des fermes, des maisons, des travaux d'irrigation,
et qu'il avait à cette époque une prospérité infiniment plus
grande que celle que nous y avons trouvée.

Pour avoir la preuve de ce que j'avance, il suffit de lire le
voyage du docteur Shaw, écrit il y a cent ou cent vingt-cinq
ans ; il prouve que l'état du pays était complétement différent
de ce que nous l'avons vu.

Les Arabes restreints sur leur territoire, et ayant encore assez
pour suffire largement à leurs besoins, puisque nous ne leur
demandons pas de se resserrer de manière à avoir plus de 300 habitants par lieue carrée, les Arabes pourront vivre largement
pour peu que, au lieu d'être essentiellement pasteurs plutôt
que cultivateurs, ils deviennent plus cultivateurs que pasteurs.

On me demandera pourquoi je pense qu'il faut autant que
possible placer les Européens par masses et ranger les Arabes aussi par masses.

Dans les villes, le contact des familles est immédiat : mais il
y a là toujours des chefs des deux nations ; là est l'autorité qui
prévoit, qui prévient et qui règle les différends. Dans les cam-
pagnes, loin des centres d'action, il n'en serait pas ainsi.

Je crois qu'on peut très-bien faire vivre l'un près de l'autre un village chrétien et un village musulman ; mais je crois
qu'il y aurait danger, surtout dans les commencements, à
multiplier inutilement les points de contact, et j'ai déjà for-
mulé cette idée dans la note qui vous a été distribuée ; j'ai dit
que je ne pensais pas qu'il convînt de placer, dans le com-
mencement surtout, un village, un hameau chrétien au milieu d'une tribu arabe, ni de laisser un douar au milieu d'une
commune, et qu'il fallait que l'invasion du sol se fît par communes chrétiennes, successivement établies sur le territoire
que nous abandonneront les tribus arabes que nous aurons
cantonnées.

On nous demande aussi pourquoi nous ne faisons pas tout simplement comme en Corse? pourquoi nous ne voulons pas donner à la population arabe, qui aura bâti des maisons, nos lois comme nous les avons données en Corse, et comme nous les donnerions à telle ou telle partie de l'Europe que nous viendrions à conquérir ?

Il y a pour cela une raison toute simple, c'est que, nos lois, l'Arabe n'en veut pas.

On transporte, sans s'en apercevoir, le grand principe qui a présidé à nos conquêtes en Europe, savoir que la France est partout où est son drapeau, on le transporte en Afrique. Ce principe peut être applicable tout au plus aux nations de la grande famille européenne dont la civilisation est fille de la même religion ; mais quand vous passez de la civilisation produite par l'Évangile à celle qui est produite par le Coran, cela n'est plus possible : la famille n'est plus la même, la polygamie y existe ; ce seul fait et quelques autres que je pourrais citer prouvent cette impossibilité. (Sensation.)

Rappelez-vons combien, lorsqu'on a promulgué le Code civil, il a fallu de précautions pour amener les juifs, en France, à avoir les mêmes lois que nous. Eh bien, je ne pense pas qu'il soit possible de longtemps d'amener les musulmans à accepter nos lois.

C'est pour cela qu'il faut les cantonner, qu'il ne faut pas les mêler avec nous : il faut laisser subsister cette unité des tribus, qu'elles soient sous la tente ou dans des maisons ; il faut les laisser se constituer comme elle l'entend et vivre de la vie qui leur est propre. (Très-bien ! très-bien !)

Messieurs, les pouvoirs politiques du pays, de l'Afrique et de la France, régleront cette affaire, et la manière dont on cantonnera les tribus arabes sur le sol sera pour eux un travail important. La tâche sera difficile ; mais elle est nécessaire, et elle ne s'accomplira pas sans gêner les Arabes, quoi qu'en ait dit l'honorable M. de Tocqueville.

M. DE TOCQUEVILLE. Je n'ai pas dit cela d'une manière absolue, mais comparativement à un autre système.

M. DE LA MORICIÈRE. Votre rapport porte coup, monsieur le rapporteur ; il sera lu, il sera commenté.

Notre domination gêne les Arabes. C'est pour cela que j'ai

commencé par dire que l'effectif combattant ne pouvait pas encore être réduit de longtemps. Avec cet effectif, nous avons obtenu, non pas une soumission qui exonère le pays, mais le moyen de faire ce qui peut rendre l'Afrique productive, et en faire, pour la France, une source de puissance et de grandeur.

Avec cet effectif, nous pourrons obtenir des tribus des concessions, en vertu d'arrangements passés à des conditions équitablement débattues. Le Gouvernement ayant obtenu cela, le domaine aura la libre disposition du sol. La question se présentera alors beaucoup plus simple. Nous avons des portions du sol d'Afrique; il faut les féconder, les cultiver. Pour arriver à ce résultat, il faut des fonds, des bras.

L'honorable M. de Tracy a dit, dans son discours prononcé hier à cette tribune : « *On* veut cacher au pays les sacrifices qu'il aura à faire. »

Messieurs, je crois que cette tribune est faite pour discuter les opinions, et non la bonne foi de ceux qui les émettent. (Mouvement.) *On :* ce n'est pas le Gouvernement, puisque le Gouvernement n'a pas émis d'opinion encore. (On rit.) *On :* ce n'est pas l'honorable maréchal Bugeaud, puisque l'honorable M. de Tracy dit que le maréchal Bugeaud a déclaré au pays ce que cela lui coûterait.

M. DE TRACY. Un milliard !

M. LE GÉNÉRAL DE LA MORICIÈRE. C'est donc moi qui ai voulu cacher la vérité au Gouvernement et au pays. (Non ! non !)

Voici la question. Je ne veux rien cacher, et je vous dirai clairement et nettement ce que je pense. (Ecoutez ! écoutez !)

M. le ministre de la guerre, usant d'un droit incontestable, a fait publier plusieurs mémoires que j'avais eu l'honneur de lui envoyer. Ces mémoires, signés des officiers qui les avaient rédigés, n'étaient pas destinés à la publicité, et on a mal compris ce qui a été écrit dans l'un d'eux. On avait dit, qu'en supposant que des propriétaires ou des compagnies se chargeassent de faire les travaux de défrichement et d'installation, et que l'Etat ne se chargeât que des travaux d'utilité publique, l'Etat dépenserait moyennement par famille environ 80 francs.

Dans un rapport présenté par M. le maréchal Bugeaud, relativement à la colonisation, il dit qu'il faudrait par famille 5,000 fr. On a comparé ces deux chiffres. Mais, permettez-moi de le dire, le calcul que j'ai présenté ne représente que ce que l'Etat devrait faire pour permettre la colonisation à ceux qui la feraient, c'est-à-dire des routes, quelques travaux minimes. Dans l'autre cas, la somme dont il s'agit, c'est la totalité des fonds qu'il faudrait mettre en terre pour féconder le sol, bâtir des maisons et l'amener à l'état de colonisation.

Nous voulons coloniser, je suppose, en partant des chiffres que les honorables membres ont posés, mille lieues carrées. Il faut évidemment pour cela un capital énorme : il sera, dites-vous, d'un milliard. Je ne dis pas le contraire. La question n'est pas sur la quotité du fonds qu'il faudrait. La seule discussion qui se soit élevée entre M. le maréchal Bugeaud et moi à cet égard (et vous voyez qu'il n'y avait rien de militaire dans ce différend), c'est de savoir si la somme nécessaire sortira des coffres du trésor ou de la poche des gens qui iront coloniser. (C'est cela !) Il s'agit de savoir si l'Etat se chargera non-seulement des travaux d'utilité publique, mais des exploitations agricoles. Je crois, après avoir bien regardé la terre, que la terre est assez bonne pour pouvoir payer l'intérêt des capitaux et de la sueur qu'on y mettra ; j'en ai la conviction profonde. Je crois donc qu'on trouvera des capitaux particuliers qui viendront faire cette entreprise.

Il faut laisser à chacun sa part : au Gouvernement les grands travaux, les routes d'abord, les desséchements quand il y en aura à faire, et enfin le travail de l'administration, qui sera de préparer les concessions, de faire qu'une intelligence, un capital et deux bras qui voudront venir en Afrique, y trouvent leur place faite, grande si le capital est grand, petite si le capital est petit ; qu'il y ait enfin pour chacun proportionnellement à ce qu'il est capable de faire de la terre et du soleil. (Vive adhésion.)

Je n'ai plus qu'un mot à dire. La chambre ne s'est occupée de ce qui regarde l'Algérie, relativement à la législation, qu'une seule fois ; c'est en 1833, dans la loi où il est dit que des établissements français en Afrique et à Saint-Pierre et Miquelon seront régis par ordonnances royales. L'Algérie n'y est même pas nommée ; et à cette époque on conçoit qu'elle ne fût pas nommée, car on n'en connaissait pas l'importance, on ne savait pas ce qu'on en ferait ; mais quand nous faisons des lois aujourd'hui pour régler la manière dont sera rendue la justice dans les colonies de la Guadeloupe, de la Martinique, de la Guyane, de Bourbon, qui toutes ensemble n'ont pas une population égale à la population chrétienne qui existe en Afrique, il n'est pas étonnant que les colons de l'Algérie demandent qu'on leur donne quelques-uns des droits qu'ont tous les Français de l'autre côté de la mer, c'est-à-dire d'être régis par les lois, ou du moins qu'une loi réglemente la limite de ce qui sera fait par les lois et de ce qui sera fait par ordonnance.

Il résulte du rapport de M. de Tocqueville et de ce que je viens d'avoir l'honneur de vous dire que l'aliénation du domaine de l'Etat était tout, que c'était, dans l'avenir, la vie de la colonie, puisque la terre doit, comme l'a demandé la commission et comme il résulte des explications que je viens de donner, doit passer des mains des Arabes aux mains de l'Etat pour être distribuée par l'Etat aux colons.

Il n'y a pas longtemps, j'ai entendu une discussion entre l'honorable M. Odilon Barrot et M. le ministre de la marine sur la question de savoir si l'Etat avait le droit de disposer, dans nos colonies, du domaine de l'Etat sans l'intervention d'une loi, et il semblait en résulter dans l'opinion de tous les deux un doute sérieux sur ce point. Il est vrai que dans le rapport la dénomination de colonie n'est pas donnée à l'Algérie.

Messieurs, lorsque nous voulons attirer de l'argent sur une terre, la première chose à faire, c'est que le droit de propriété soit clair, bien défini et positif. Une des principales causes de la crise d'Alger, c'est que, dans les premières années, on a acquis les propriétés sans trop savoir comment, et sans savoir de qui ; et lorsque le Gouvernement, préoccupé de ce désordre, d'où il résultait qu'on réclamait dans la Mitidja deux fois plus de terres qu'il n'y en avait au soleil, lorsque le Gouvernement a examiné ces titres, il a ébranlé le droit de propriété.

L'argent alors n'a plus su où se placer, et c'est une des principales causes de la crise.

Ne trouvez donc pas extraordinaire que dans ce moment-ci je demande qu'il soit parfaitement entendu que l'État a bien positivement le droit, en Algérie, de concéder par ordonnance le domaine de l'État ; et ne croyez pas que, dès aujourd'hui, ce soit une petite chose que le domaine de l'État en Algérie, car on a distribué à la commission d'Afrique un livre duquel il résulte que le domaine de l'État, en Afrique, est aujourd'hui de 145 millions.

Ce que je viens de vous dire, messieurs, sur la nécessité d'examiner l'état des terres et la constitution de la propriété, permettez-moi de le dire aussi relativement aux personnes.

En Afrique, l'état des personnes n'est pas défini, pas plus l'état des nationaux que celui des étrangers. Que dans une colonie comme Saint-Pierre et Miquelon, comme Mayotte, où il y a quelques français, et peut-être une compagnie tout au plus, et où encore les compagnies sont sous la discipline du bord, on laisse subsister un é..t semblable, je le conçois. Mais, en Afrique, il y a une population de 120,000 Européens et une armée de 90,000 hommes. Eh bien, voyez les conséquences qui peuvent résulter de cette situation.

Un militaire commet un délit en connivence avec un individu appartenant à l'ordre civil. En France le militaire est conduit devant le jury avec l'homme qui a commis le délit en connivence avec lui. En Afrique, qu'arrivera-t-il ? C'est que le colon qui y est allé librement, pour coloniser, et qui savait à quoi il s'exposait, sera jugé par un tribunal nommé par ordonnance, par des juges amovibles, révocables à volonté ; mais, enfin, il savait à quoi il s'exposait.

Le soldat, au contraire, est parti de France, comment ? Par la volonté de la loi de son pays ; il a été envoyé en Afrique pour y défendre son drapeau ; il commet un délit, et vous le faites juger, par qui ? Par des juges qui ne sont pas des juges, par des tribunaux qui ne sont pas des tribunaux. (Très-bien ! très-bien !)

Eh bien, ce fait s'est présenté, la question a été soumise au ministère et la solution n'est pas venue.

On demande pourquoi il va beaucoup d'étrangers en Afrique. Il va beaucoup d'étrangers en Afrique, parce qu'en Afrique l'étranger est mieux traité que le citoyen. L'étranger a deux juges; il a le tribunal qu'il peut accepter, et, si le tribunal ne lui plaît point, il a son consul. S'il croit avoir raison chez son consul, il va chez son consul; s'il croit avoir tort chez son consul, il s'adresse au tribunal. Je crois que ces questions sont tellement importantes qu'il faut les régler.

M. ODILON BARROT. Par la loi.

M. DE LA MORICIÈRE. Par la loi ou par ordonnance, comme l'a demandé la commission : c'est pour cela que je m'associe pleinement au vœu qu'elle a émis, et que je demande au Gouvernement de nous dire ce qui aura été fait pour toutes ces questions que je regarde comme capitales. (Marques nombreuses d'approbation.)

M. DE TOCQUEVILLE, *rapporteur*. La commission a demandé que, sur certains points importants, on s'adressât non pas à l'ordonnance seulement, mais à la loi.

M. DE LA MORICIÈRE. J'en demande pardon à monsieur le rapporteur; j'avais compris autrement. (Une vive agitation succède à ce discours. — L'orateur, en retournant à son banc, reçoit les félicitations de ses collègues.)

RÉPLIQUE A M. DESJOBERT.

M. LE GÉNÉRAL DE LA MORICIÈRE. Dans l'ouvrage de l'honorable M. Desjobert, dont j'ai eu l'honneur d'entretenir la chambre et que j'ai sous les yeux, il n'y a que deux chiffres puisés dans le budget, l'honorable M. Desjobert le reconnaîtra : l'un est de 73 millions portés au budget ordinaire de 1845; l'autre est de 25 millions. Je néglige les fractions; c'est le chiffre des crédits supplémentaires de 1846. Ces deux chiffres ajoutés font 98 millions. Le reste des chiffres n'est dans aucun budget; ce sont des appréciations de l'honorable M. Desjobert.

J'ai ajouté à ces 98 millions, qui résultent des deux crédits votés par la chambre, tout ce que j'ai pu trouver dans les gros livres qu'on nous distribue, et je suis arrivé, d'une manière qui m'a paru logique, au chiffre de 103 millions.

Je n'insiste pas davantage, car M. Desjobert avait d'abord

dit 125 millions. Il vient d'arriver à 131 millions ; si je continuais, il arriverait à 150 millions. (On rit.)

Il y a un seul fait grave dans ce qu'a dit M. Desjobert : c'est la différence qui existe entre les comptes de la rue Saint-Dominique et ceux de la rue de Rivoli.

Pour ceci, je puis donner une explication péremptoire. La voici :

En Afrique, la plupart des impôts se perçoivent en nature, et l'autre portion des impôts se perçoit en argent. On envoie l'argent à la rue de Rivoli. Pour les objets en nature, l'orge, les blés, les bœufs, les objets de consommation de l'armée, on les verse à l'Etat. L'intendance attend, pour régulariser ses comptes, que la fin de l'exercice soit arrivée. Ce n'est donc que dans l'exercice suivant que la rue de Rivoli porte en recette ce qui a été versé à la guerre pendant l'exercice précédent.

Il est donc naturel que l'honorable M. Desjobert ait trouvé cette différence entre les chiffres que fournit le ministère de la guerre et les chiffres que fournit le ministère des finances.

Plusieurs voix. C'est évident.

RÉPLIQUE A M. DE TRACY.

M. LE GÉNÉRAL DE LA MORICIÈRE , *de sa place.* Je demande pardon à la chambre si je réclame encore un instant son attention ; mais je ne puis pas laisser passer les paroles que vient de prononcer l'honorable M. de Tracy sans y répondre un mot. (Parlez ! parlez !)

L'honorable M. de Tracy a répété la même argumentation. L'Afrique, en cas de guerre, sera pour nous un embarras. Quelle est la conclusion ? qu'il faut ou subir l'embarras ou évacuer l'Afrique. Mais quand on commande une province depuis sept ans, on n'a pas été sans avoir quelquefois à prévoir la guerre. En 1840, on craignait la guerre ; en 1844, on craignait la guerre, et cependant personne n'a demandé que les troupes d'Afrique revinssent en France pour nous défendre, contre qui ? contre l'Angleterre ? Ce serait plutôt contre l'Europe coalisée, pour défendre nos frontières. Alors, je comprendrais qu'on ramenât l'infanterie et la cavalerie d'Afrique.

Nous n'avons pas besoin, heureusement, de notre armée d'Afrique pour nous défendre contre l'Angleterre.

Tant que nous aurons en Afrique 80,000 hommes de bonnes troupes françaises, nous n'y craindrons rien autre chose qu'un blocus du côté de la mer.

Or, est-il, oui ou non, possible de bloquer la côte d'Afrique ? c'est une question que l'honorable M. Béchameil, qui faisait partie de la commission et qui appartient à la marine, a discuté avec toute l'autorité de son expérience : sans appartenir au corps de la marine, j'ai assez traversé de fois la Méditerranée pour savoir qu'on ne peut pas bloquer une côte qui a 220 lieues de long. On bloque quoi, le port de Toulon, qui est créé pour être bloqué, car en face sont les îles d'Hyères, où peut mettre à l'ancre l'escadre de blocus; mais on ne bloque pas une côte de 220 lieues de long qui a une douzaine de ports dans lesquels on peut aborder. (Assentiment.)

A Dieu ne plaise que je ne regarde comme nécessaire de défendre quelques rades sur nos côtes d'Afrique. On travaille actuellement, comme on l'a dit hier, à mettre nos ports en état de défense.

Le seul danger que nous ayons à courir est celui qui tient à la difficulté des approvisionnements. Eh bien, en maintenant, comme cela est prescrit depuis plusieurs années, les approvisionnements de nos chefs-lieux de province à treize ou quatorze mois de vivres de toute nature, nous avons la confiance que nous sommes en mesure de résister dans tout état de cause.

Quelle est la seconde conclusion de ce qu'a dit l'honorable M. de Tracy ? C'est que la seule chose qui puisse nous mettre à l'abri des dangers dont il nous a parlé serait de pourvoir, par l'Afrique même, à la consommation locale.

Pour cela, il faut donc se hâter d'établir les 500,000 colons qui sont nécessaires. (C'est cela !) Il faut se hâter, au lieu d'entraver le développement de la colonisation, et puisqu'il n'y a pas de milieu, il faut ou coloniser ou abandonner. Entre les deux, il n'y a que la folie. (Très-bien ! très-bien !)

La question est de savoir si le blé sera produit en Afrique par les colons. De deux choses l'une : ou le blé sera à aussi bon marché que dans la province de Constantine, et alors les colons n'auront pas intérêt à en produire, ou bien il sera cher comme dans la province d'Oran, et tout le monde en produira, parce que l'on aura intérêt à en produire. Il est évident que les prix se nivelleront. Ces inégalités que nous remarquons sur les marchés disparaîtront.

Il n'est pas possible que le blé reste à 11 fr. à Bone quand il sera à 16 fr. à Marseille. J'affirme que les colons européens peuvent, en Afrique, produire le blé à 16 fr. le quintal métrique. J'ai des renseignements que je regarde comme positifs, et c'est un minimum que je pose comme certain. Je crois que l'on peut être assuré que le colon européen produira le blé à 16 fr.

Il y a plus, c'est que l'on peut, dans les champs plantés d'oliviers, d'amandiers, de figuiers, de mûriers, on peut faire venir du blé et de l'orge au-dessous des arbres, comme on le fait dans le midi de la France, dans l'Espagne, en Italie. Quand ces arbres auront grandi, on pourra produire le blé à bon marché et à aussi bon marché que les Arabes; car, qu'est-ce qui fait que les Arabes peuvent produire le blé à bon marché? C'est que la bonne terre ne leur manque pas, et qu'ils peuvent changer la bonne terre aussi souvent qu'ils le veulent.

Mais quand vous aurez resserré les Arabes sur une partie de leur territoire, vous produirez à aussi bon marché qu'eux, vous aurez le produit des céréales, et en outre les produits pendants aux arbres.

Voilà ce que j'avais à répondre. (Vive adhésion.)

Imprimerie PANCKOUCKE, rue des Poitevins, 6.